# Tu Primer Emprendimiento

La Guía Para Empezar Su Negocio, desde la idea hasta el lanzamiento

## Wayne Walker

# Contenido

Introducción .................................................................................. 7

Wayne Walker (versión corta) ...................................................... 9

Por Dónde Empezar ..................................................................... 13

    Escalable .................................................................................. 14

    Enfoque .................................................................................... 18

    Darse a Conocer ...................................................................... 20

    Buenas Personas ...................................................................... 23

    Lo Mental ................................................................................ 24

Lo que los consultores no le dirán ............................................... 28

    Ingresos .................................................................................... 29

    Gastos ...................................................................................... 30

    Amigos - Vida Privada ............................................................ 31

    Consultores ............................................................................. 33

    "Expertos" en Marketing en Internet ..................................... 33

Otros asuntos prácticos ................................................................ 36

    El Plan de Negocios ................................................................ 37

    Asuntos Legales y Reglamentarios: ........................................ 38

    Lidiar con los Bancos ............................................................. 39

- Ofrecer Crédito ..... 40
- Socios ..... 41
- IT ..... 42
- Sitio Web ..... 42
- Redes Sociales ..... 43
- ¿Qué clase de negocio debe comenzar? ..... 44
- El Siguiente Paso ..... 47
- Análisis FODA ..... 49
  - Fortalezas ..... 50
  - Debilidades ..... 51
  - Oportunidades ..... 51
  - Amenazas ..... 52
  - Vision ..... 53
- Perfil del Autor ..... 54

*Ninguna parte de esta publicación puede ser reproducida, transmitida de ninguna forma o por ningún medio, ni almacenada en un sistema de recuperación sin el permiso previo por escrito del autor (Wayne Walker).*

**Aviso Legal**

Los consejos y estrategias incluidos en esta guía se basan en mis experiencias y opiniones personales sobre negocios y pueden no ser adecuadas para su situación.

# Introducción

Mi motivación para escribir esta guía es similar a la de mis otros trabajos, donde sé por experiencia práctica que no necesita 200 páginas para explicarle a alguien cómo hacer algo con éxito. Como propietario de un negocio rentable, también sé, por experiencia, que no necesito 200 páginas para compartir la esencia de dirigir un negocio. Muchos pueden estar en desacuerdo, pero no estoy preocupado por ellos en este momento. Soy un gran creyente en la cita de Gandhi, "una onza de práctica vale más que toneladas de predicación".

Tu Primer Emprendimiento

# Wayne Walker
# (versión corta)

Para que mis palabras e ideas tengan más significado, es esencial tener una visión general rápida de mis antecedentes. Soy el Director y Propietario de GCMS, una empresa de consultoría y capacitación de mercados de capital.

Esto no es una autobiografía (soy demasiado joven). La versión rápida, nacido en Jamaica, W.I. y criado en la ciudad de Nueva York por padres que hicieron lo mejor que pudieron con las herramientas que tenían. Al igual que muchos otros de su generación, se sacrificaron para que sus hijos pudieran tener oportunidades que no estaban disponibles para ellos y siempre estaré agradecido. Asistí a la universidad en Buffalo, Nueva York y San Diego, California.

Actualmente resido en Europa, que es una aventura en sí, material para mi tercera guía. Pensé que el socialismo se había desaparecido del planeta pero, para mi sorpresa, sigue muy vivo, dándoles a algunas personas un viaje gratis porque creen que tienen derecho a que todo se les otorgue de manera "gratuita".

Antes de iniciar la empresa, fui jefe de equipos de asesores de inversión en Saxo Bank (Copenhague), uno de los pioneros en banca de inversión en línea y comercio electrónico. Fue realmente un lugar especial para trabajar. Cada día era literalmente mejor que el día anterior. La gente le iba bien y en algunos casos los salarios eran muy generosos.

Fui el empleado número 140 en un banco que creció a aproximadamente 1,500 con mi renuncia. No hace falta decir que vi muchas caras nuevas. La gente que conocí fue absolutamente increíble. Todavía colaboro en algunos proyectos con muchos ex empleados de Saxo.

Trabajamos duro y jugamos duro. Sí, se dedicaron muchas horas, pero yo / mi familia también disfrutamos los frutos, por lo que es un poco tarde para quejarme. Los desafíos familiares son una parte del estilo de vida de la banca de inversión, en el que nadaba en cada oportunidad que podía tener. Realicé seminarios en el hermoso Caribe, capacité al personal de Citi - FX en Londres, e incluso hice seminarios en Hollywood. La vida nocturna sigue siendo un libro cerrado.

Mi tiempo en Saxo Bank fue de un inmenso aprendizaje y al final renuncié en buenos términos y quién sabe, podría colaborar con ellos en el futuro.

Comenzar un negocio siempre ha sido mi sueño y con algunos ahorros me aventuré a salir por mi cuenta.

# Por Dónde Empezar

**Escalable**

La idea de lo que tiene en mente debe ser escalable. Lo que significa que usted o su empresa pueden manejar un pedido de 1,000 unidades casi con la misma facilidad que 100. Me estoy tomando algo de libertad con los números, pero el punto es que debería poder expandirse sin necesidad de una relación 1: 1. De modo que si con 10 pedidos necesitas 10 empleados y así sucesivamente.

¿El secreto de Saxo Bank? Ellos dominaron el arte del escalado.

¿Es su idea escalable? No puede huir de esto a menos que pueda escalar su idea, simplemente ha creado un trabajo y no un negocio. Si esto no está resuelto, conserve su trabajo diario hasta que tenga un plan.

Utilizando GCMS como ejemplo, comenzó como una operación de un solo hombre en la UE, junto con el personal en el Caribe liderando las operaciones y el back office. Comenzamos con la celebración de seminarios, que es una forma de escalar. Un seminario me permite atender a muchos clientes a la vez. Enseñarles uno a uno no es factible a menos que, por supuesto, tenga la situación en la que cada cliente paga miles de dólares y tenga un flujo de los mismos.

Revise su idea, ¿cómo puede difundirla para que no sea necesario que participe en ella 24/7? Una de las maneras más fáciles de escalar es tener un empleado o tener consultores de pago o basados en el desempeño. Pueden difundir su idea más rápido de lo que usted lo haría solo. Estas personas también tienen redes que pueden ser explotadas para el beneficio de todos. En el caso de GCMS, un consultor de nuestro equipo tenía muchos medios de comunicación y contactos universitarios. En la fase de inicio, este acceso a medios gratuitos fue una gran bendición para nosotros (hablare sobre esto más adelante).

Piense en toda la ola de empresarios de Internet que han hecho fortunas a lo largo de los años, que han ampliado su concepto. Un sitio web funciona las 24 horas del día, los 7 días de la semana, mientras usted duerme, esquía o hace una fiesta, creo que entiende mi punto.

Si usted es un gran banquero, web master, masajista o cocinero a menos que pueda difundir sus ideas sin mucha participación personal, mantenga su trabajo normal y ahórrese el estrés a usted y a su familia.

La joyería artesanal especializada, por ejemplo, sería muy difícil de escalar. Para ser justos, no es una idea imposible, porque si su nombre es lo suficientemente famoso y puede vender cada pieza por un millón de euros de ganancias, la escala no es un problema. Desafortunadamente, la mayoría de nosotros no tenemos el tipo de reconocimiento de nombre necesario para mover joyas caras con facilidad.

Esto puede sonar básico pero es crítico o de lo contrario es muy difícil seguir adelante. Comparto mi experiencia personal con mi propio negocio de que muchas partes son escalables, pero no es del 100%. Ese es un desafío con el que también estoy trabajando.

Hay muchos ejemplos prácticos de esto en el mundo real, por ejemplo, muchos lugares de comida rápida. Si una franquicia local pasa de servir 100 hamburguesas a 200 hamburguesas por hora, no contratará a 100 empleados adicionales.

La buena noticia es que hay muchas ideas que se pueden escalar especialmente con Internet. Tampoco necesitan grandes cantidades de capital. Muchas personas han explorado el concepto de reventa y ha funcionado muy bien para ellos donde tienen un sitio que vende productos las 24 horas del día con un sistema de facturación automático. Por lo tanto, 100 órdenes o 1,000 requieren el mismo esfuerzo.

En mi empresa GCMS, vivimos estos principios escalando nuestras guías electrónicas. En el sitio web, estamos abiertos las 24 horas del día, los 7 días de la semana, los cuales se procesan sin que yo esté sentado frente a mi computadora día y noche. Tenemos un formulario de pedido que recoge la información necesaria y un correo electrónico automático que se devuelve.

Las clases se pueden enseñar a 25-40 personas con la misma cantidad de instructores, mientras se mantiene el nivel de calidad necesario.

## Enfoque

Se ha dicho muchas veces, no se puede ser todo para todas las personas y en los negocios esto es muy cierto. Intentar especializarse en comida italiana y china en el mismo restaurante es una receta para el fracaso (en realidad, vi este restaurante durante mis viajes por América)

Debe encontrar un área donde pueda aportar valor a las personas. Ya sea en un producto o servicio (que por supuesto sea escalable)

Tengo un amigo que es dueño de un negocio en el que se "especializa" en casi todos los tipos de género artístico (audio, muebles, pinturas, etc.). Le he sugerido repetidamente que primero encuentre un área en la que sobresalga, y luego presentar a los clientes las otras cosas en las que es bueno. 10 años en su negocio y no se ha elevado por encima de ser un hobby, en lo que respecta a los ingresos.

Es difícil encontrar ejemplos de cualquier empresa que encuentre éxito intentando inicialmente capturar muchos mercados. La mayoría encontrará que una región, producto o servicio es bueno al principio y luego lanza otros servicios a medida que pasa el tiempo.

En mi experiencia con GCMS, fue solo después de que nos enfocamos que empezamos a ver mejores resultados. Al principio estábamos por todos lados intentando estar en todos los mercados. Aprenda de mis esfuerzos, dinero y tiempo desperdiciados, debe enfocarse, enfocarse, enfocarse.

Fue el éxito de nuestro programa de Diploma de Comercio el que nos dio el impulso de ser vistos por otros fuera del mercado universitario. Enseñamos en las mejores universidades, pero una parte considerable de nuestros asistentes no eran estudiantes. Nos ayudaron a expandirnos de boca en boca a la comunidad profesional.

Esta guía electrónica es otro ejemplo de enfoque. Creo que hay un mercado de personas que quieren aprender cosas yendo directo al punto. No soy profesor universitario, pero tengo experiencia práctica que se puede compartir sin que necesite una vida de estudios. Por lo tanto, creo guías que son prácticas y se pueden leer en minutos o en pocas horas. El beneficio es que se pueden utilizar inmediatamente como un material practico de referencia para aquellos que compran las guías. Una vez que el programa de diploma fue un éxito, pudimos lanzar la guía electrónica, los servicios de CV, etc.

**Darse a Conocer**

Tener personas que hablan de usted o de su negocio es clave para obtener ganancias a largo plazo. Incluso si eso significa ganar menos dinero al principio. El ejemplo de GCMS es el marketing clásico de boca en boca. Somos dueños de nuestro contenido pero, desafortunadamente, no teníamos millones para usar en publicidad.

Primero nos enfocamos en ofrecer un buen producto que la gente quisiera compartir / recomendar a sus amigos. El primer paso que hicimos fue asociarnos con grupos que tenían acceso a la distribución. Nuestro socio inicial fue el Colegio Universitario del Caribe. Nos dieron acceso a profesionales financieros en la región sin que tuviéramos que gastar dinero en marketing.

Nuestro siguiente socio fue el Laboratorio de Finanzas en Copenhague, que pudo conectarnos con estudiantes universitarios, inicialmente en Copenhague y luego al resto de Dinamarca. Estas conexiones nos dieron una distribución instantánea e hicieron que la gente hablara sobre nosotros. No hay magia de la noche a la mañana, toma tiempo al inicio, pero una vez que obtienes un poco de impulso, las cosas pueden comenzar a desarrollarse rápidamente. Esta es una técnica básica que estamos replicando con muchos grupos que apuntan a un crecimiento más orgánico para nuestra empresa, pero toma tiempo. Por supuesto, nuestro servicio debe brindar valor a los clientes, o de lo contrario, ningún grupo, conexiones o mercadeo pueden ahorrarle a largo plazo.

Entrar en la prensa, alguien que escriba sobre usted es lo mejor para lograr una atención inmediata. Después de que algunos artículos sobre GCMS aparecieran en varios periódicos, las visitas a nuestro sitio web aumentaron en más del 400%.

Al principio, lo único que era una completa pérdida de tiempo y dinero era intentar colocar anuncios en periódicos, en línea, etc. Escúcheme a mí y a los muchos otros que cometieron este tonto error... guarde su dinero para otras cosas. Los llamados "gurús profesionales" de marketing en Internet olvídese de ellos, a menos que puedan mostrarle resultados del negocio en el cual están trabajando mediante el uso de las técnicas que sugieren para usted. Hablare más sobre estas personas más adelante en la guía.

Seth Godin, el autor de Purple Cow, enfatiza que el objetivo de darse a conocer es ayudar a las personas a alcanzar sus metas para que, con el tiempo, tengan un gran interés en ayudarlo a alcanzar las suyas. Puedo confirmar por experiencia práctica que esto es cierto.

Manteniéndome fiel a mi palabra, solo se discutirán las cosas que he hecho que realmente funcionaron para GCMS o que he visto funcionar para otros. Al final de la guía, se proporcionan mis datos de contacto y puedo discutir /

verificar cualquier sugerencia que haya hecho.

**Buenas Personas**

Al principio, rodearse de personas capaces y positivas es crítico. Comenzar un negocio, digámoslo de inmediato, es difícil, incluso si tiene la idea "perfecta". Tener personas que digan lo que se necesita decir sin tener miedo es un regalo más valioso que el dinero. El consejo gratuito pero invaluable que mis buenos amigos y nuestro consejo consultivo compartieron conmigo fue excelente.

Sin misericordia, elimine a todas las personas negativas. No confunda esto con la crítica constructiva. Mi regla con la gente es que, si críticas, debes tener una sugerencia alternativa. Decir "tu sitio web apesta" es inútil, a menos que tenga una sugerencia concreta sobre cómo mejorarlo. Mejor aún, impresióname con tu sitio web que incluye todas las funciones que sugeriste que faltan en el mío.

Tenía personas cercanas a mí que probablemente se beneficiarían más de los resultados de comenzar mi empresa y, en lugar de ser una columna de soporte, desperdiciaron su tiempo y el mío al ser negativos. Una advertencia para los nuevos empresarios, están por su cuenta. Para ser justos, no es el trabajo de sus amigos o familiares salvar su negocio. Si ayudan, genial, pero no tienen ninguna obligación, en mi opinión, de ayudarle, pero deberían permanecer claramente fuera del camino y no ser un obstáculo.

**Lo Mental**

Nunca te rindas. Como algunas personas inteligentes han dicho correctamente, o se rinde al principio o llega hasta el final. Siempre que se proponga hacer un cambio en su vida, como comenzar un negocio, debe esperar turbulencia, es parte del proceso.

En pocas palabras, habrá pagado el sacrificio en tiempo, dinero, esfuerzo sin obtener ninguna de las ganancias si renuncia a la mitad. Habrán días oscuros, en mi caso, muchos, pero la creencia en mí mismo y en mi idea me hizo seguir adelante. Al no rendirse, notará que, con el tiempo, la oposición (personas y pensamientos negativos) se desvanecerán. Y las tendencias de derrota de uno mismo que muchos de nosotros tenemos se irán desapareciendo.

Esta disciplina mental debe ser entrenada y desarrollada. Su estado mental es el componente más crucial al inicio. Muchas personas al hablar sobre comenzar un negocio se enfocan en el plan de negocios y pasan por alto su plan mental. No cometa ese error.

En el ascenso a su meta, recuerde que solo porque las cosas no sucedieron exactamente de acuerdo con el cronograma, no es una señal de fracaso. Para muchos, el éxito llegó después de que todos pensaban que las cosas no tenían remedio. No tan dramático en mi caso, pero las cosas empezaron a cambiar después de la fecha límite que había establecido para que el negocio funcionara y empezara a generar ganancias.

Debe hacerse dos preguntas y tener muy buenas respuestas antes de apretar el gatillo para comenzar:

1-¿Tiene miedo de cometer errores?

Cometerá muchos, si esta es un área problemática para usted, busque asesoramiento emocional antes de comenzar.

2- ¿Hasta dónde está dispuesto a llegar para ver su idea hasta el final?

Comenzar un negocio le pondrá a prueba de todas las formas imaginables, así que prepárese.

**Cosas concretas que hice para seguir funcionando mentalmente:**

**Hacer Ejercicio**

Es lo mejor del mundo. Después de una sesión intensa en el gimnasio, tengo la energía física y mental para luchar. Elija el deporte, pero mueva su cuerpo. Muchos estudios recientes afirman que una de las pocas cosas probadas para aumentar la capacidad cerebral es el ejercicio. Soy un creyente de ello.

**Escribir**

Escribir me da la oportunidad de alejar mi mente del trabajo por unas horas. También es una excelente manera de aprender cómo reunir y ordenar sus pensamientos en algún tipo de estructura.

**Leer**

Viajé a menudo entre América del Norte y Europa en el primer año de la empresa, lo que me proporcionó muchas horas "muertas". Leer historias de cómo otros superaron la adversidad fue de gran ayuda mental. Si bien todas nuestras historias son únicas, otros enfrentan desafíos similares a los nuestros y es bueno aprender de ellos. Le ahorrará mucho tiempo de ensayo y error. Como se dijo antes, lea de aquellos que lo han hecho, excepto la teoría para la sala de conferencias.

Wayne Walker

# Lo que los consultores no le dirán

**Ingresos**

Hace poco leí un artículo en el que se dice que tener demasiado dinero al iniciar una empresa es peligroso. Hay puntos válidos en esa idea, pero me hubiera sido más fácil dormir si hubiera tenido más al principio.

Esté preparado para los cambios de ingresos que asustarían a cualquier apostador. Al principio, puede que no haya ninguno. En mi caso, no hubo ingresos positivos hasta después del primer año. Lo que significa que hubo ingresos, pero los gastos eran mayores. Luego, cuando comienzan a fluir, pueden dar saltos y luego mantenerse estables.

¿Cómo lidié con eso? Usé un poco de mis ahorros y me dedique a actuar y modelar. Tuve la suerte de haber modelado de forma intermitente durante muchos años. El Teatro Real Danés me llamó para un papel secundario en una obra y aproveché la oportunidad. No ganaba mucho pero sirvió para cubrir mis gastos.

Cualquier posible propietario de negocio, especialmente aquellos con medios limitados, deben tener en mente una forma de generar dinero de supervivencia hasta que su empresa despegue. No se avergüence de voltear hamburguesas si eso mantiene un techo sobre su cabeza. Hay tantas historias de personas que duermen en los sofás de sus amigos durante meses difíciles, prepárese para ello.

Vivimos en tiempos maravillosos en los que no se necesita una gran cantidad de capital para iniciar un negocio gracias a Internet. Sin embargo, dado que se ha reducido la barrera de entrada, también significa que la competencia se ha intensificado.

**Gastos**

Manténgase atento a los gastos, ya que pueden ser un asesino silencioso. Si tiene personal, entonces necesita otra capa de vigilancia. No es que tengan malas intenciones, pero es más probable que no tengan la misma inversión en la empresa que usted. En algunos casos, esto hace que estén mucho más relajados con los proveedores de lo que usted imagina. Por ejemplo, ordenarán más de lo que se necesita o algo que simplemente no se necesita en lo absoluto.

## Amigos - Vida Privada

Esté preparado para estar solo. Esté preparado para estar solo. No, no es un error tipográfico, quería asegurarme de que el punto este claro. Si tiene problemas en pasar tiempo solo, conserve su trabajo diario y vaya a casa con su familia.

Sus "amigos" en su mayor parte, desaparecerán más rápido de lo que nunca creería. Prepárese para las personas que dicen " puedes contar conmigo", "llámeme si necesitas algo", simplemente desaparezcan. Olvídelos, el 98% claramente no lo significa.

Sus verdaderos amigos, los pocos que quedan (el 2%), mientras que es fantástico no podrán ayudarlo como espera y tampoco es su responsabilidad.

En cuanto a la familia, tampoco espere demasiado apoyo de ellos. En mi caso, mi hermano fue el primer partidario de mi idea y le agradezco que me haya apoyado desde el principio.

Para aquellos que están casados, obviamente debe contar

con el respaldo del 100% de su cónyuge o prepararse para la turbulencia en el hogar.

Pasarás muchas horas y, en algunos casos días solo, cuando sienta que todo es un desperdicio, pero sentirse amargado o triste es una pérdida de tiempo. Utilice las herramientas mencionadas anteriormente para lidiar con ello. El ejercicio es mi favorito y hace maravillas por su autoestima.

Su vida privada recibirá un golpe. Básicamente no tenía ninguna vida privada, no creo que haya tenido una cita por más de un año. En realidad estaba muy feliz por eso, ya que me dio la oportunidad de concentrarme. También debo admitir que hubiera sido fantástico tener a alguien en el proceso para compartir algunos de los momentos. Estoy seguro de que algunos de mis amigos probablemente empezaron a preocuparse por mí, pero yo estaba bien. Aquellos de ustedes con novias / novios, tengan mucho cuidado. Si hay un momento en el que corre el riesgo de separarse es este.

## Consultores

Huya de estos payasos como si su vida dependiera de ello, a menos que hayan hecho lo que están consultando. No quiero generalizar mucho, pero la mayoría de los consultores son absolutamente inútiles. Vienen con muchos gráficos, diapositivas de PowerPoint y todas las palabras idiotas del momento, pero cuando se trata de resultados (lo único que importa) no entregan nada. Tuve la suerte de encontrarme con algunos de los buenos en el negocio y con mucho gusto comparto sus servicios con otros, ya que sé que estas personas pueden brindar resultados.

## "Expertos" en Marketing en Internet

Los consultores son arriesgados, pero estos personajes de internet son los peores. Olvídese de ellos y punto. Trabaje solo con aquellos que han dirigido un negocio que generó / obtuvo alguna ganancia. Ignore todas las tonterías sobre la ejecución de campañas publicitarias si usted es propietario de un negocio pequeño.

El camino a los negocios es, darse a conocer. El boca a

boca es el mejor camino sin lugar a duda. Estos "profesionales" tratarán de decir lo contrario, pero puedo confirmar a partir de la experiencia empresarial real que esta es la manera de construir un buen negocio. Si su objetivo es crear un nuevo negocio cada pocos meses, entonces esta podría no ser la estrategia adecuada para usted, ya que toma tiempo construir un negocio sólido. Revise las técnicas que mencioné anteriormente sobre el uso de socios que pueden proporcionarle acceso de distribución.

Los consultores de todo tipo deben poder mostrarle ejemplos de cómo esta experiencia o brillantez que afirman poseer ha ayudado a otros o a sí mismos. Preferiblemente en el mismo sector o en el relacionado con el negocio al que desea ingresar.

En otra nota personal, mi padre dirigió un exitoso negocio de asesoría fiscal desde nuestra casa familiar en la ciudad de Nueva York sin escalar. ¿Cómo lo hizo? Él escaló su "publicidad". Mi padre, en más de 20 años de actividad, nunca ha gastado un dólar en publicidad. Sus clientes lo llenaron con referencias (debido a un excelente servicio y una tarifa justa), a menudo rechazaba a las personas debido a la sobrecarga de negocios. Sorprendentemente lo logro sin internet ni ningún "gurú del marketing".

Ahora que no hay contradicción en mis conceptos, dije que se vio obligado a rechazar clientes. Esto se debe a que no escalo, mientras que lo hizo bien financieramente, solo llego hasta donde el negocio lo llevo. El camino a seguir para él, por supuesto, era poner algunos servicios en la web y contratar personal para ayudar con algunos de los problemas de rutina.

Wayne Walker

# Otros asuntos prácticos

## El Plan de Negocios

La mayoría de los libros o asesores le dirán que escriba uno, y los bancos lo exigirán. Mi opinión sobre esto es como invertir, es muy personal. No duele en el sentido de que ayuda con la planificación, pero soy un gran creyente del solo vamos a comenzar. Pasará el resto de su preciosa vida esperando el momento "perfecto". Confíe en mí, se encontrara con estos payasos que no lograron nada con su consejo de esperar ese momento mágico. Examine sus vidas y, por lo general, no han logrado mucho después de abandonar la escuela primaria. Muchos de nosotros tenemos ideas increíbles, pero como tememos fallar, ni siquiera lo intentamos.

Recomendaría hacer un análisis FODA incluso si no está de acuerdo con el plan de negocios de 50 páginas (que pocos lo leen realmente). Para aquellos que se saltaron la escuela de negocios, FODA = (Fortalezas, ¿es escalable?, Debilidades, Oportunidades, Amenazas). Este es un gran chequeo de la realidad para usted, no para los bancos o sus amigos.

Como he escuchado, "piense en grande, pero empiece poco a poco", este es el camino a seguir para muchos a menos que tenga bolsillos muy grandes. Incluso si los tiene, sugeriría comenzar de a poco.

**Asuntos Legales y Reglamentarios:**

Obtenga todos los permisos necesarios pero antes de meterse en cualquier problema legal. Más adelante, si busca financiamiento, es bueno tener esos permisos. Algunos dicen que también debe buscar un abogado y, según el tipo de negocio que desee comenzar, es una buena idea. Si es una sociedad o si está reteniendo el dinero de la gente por ejemplo para comerciar, debe tener un abogado. Si tiene una buena idea escalable que pueda manejar, le digo adelante con ella. Lo que siempre repito es que debe comenzar ya, tendrá que lidiar con los problemas a medida que se presenten, el momento mágico no existe.

Un abogado puede ser opcional, pero un contador no lo es, debe tener uno. El que tenemos nos ha salvado muchísimas veces y nos ha ayudado a mantenernos en el camino. Admito libremente, como la mayoría de los propietarios de empresas, no estoy loco por este aspecto de dirigir una empresa, pero es algo que debe manejarse. Afortunadamente, hay millones de personas en el mundo que disfrutan mirar los códigos de impuestos y estar conformes.

**Lidiar con los Bancos**

Esta es otra área potencial de gran decepción. De las historias de terror que he escuchado de otros dueños de negocios, a menudo me pregunto cuál es el propósito de los bancos.

Debo decir que comencé mi negocio en el peor momento de la historia financiera moderna, el otoño de 2008. Incluso con un excelente crédito, dinero en el banco y haber sido cliente durante muchos años, rápidamente se me negó el préstamo comercial. En otros bancos, ni siquiera querían saber de mí. Querían algo seguro, comenzar un negocio está lejos de ser seguro para los bancos. He hecho todo lo posible por no tomarlo personalmente porque no debería, pero aún así era un sabor amargo.

Mi consejo, si necesita un préstamo, inténtelo. Solo porque no funciono para mí, no significa que no funcionara para usted.

**Sobre Ofrecer su Servicio de Forma Gratuita**

¡Olvídelo! Incluso si solo cobra un dólar, es mejor que gratis. A las personas les resulta difícil valorar los servicios gratuitos y cuando intenta cobrar por lo que era gratis, se torna complicado. En un momento consideré regalar mi primera guía digital y no logre nada. Empecé a venderla y la gente comenzó a comprarla.

**Ofrecer Crédito**

Imposible. Ofrecer crédito puede convertir a su nueva empresa en un rehén para todo tipo de clientes privados y corporativos. En GCMS tuvimos experiencias desagradables con algunos clientes privados, desde que cambiamos al pago por adelantado los dolores de cabeza disminuyeron.

## Socios

Al igual que con una pareja hay que seleccionarlos cuidadosamente. Mi experiencia con socios ha sido bastante buena hasta la fecha. Debe ser consciente de los llamados empresarios seriales. Dado que sus niveles de compromiso pueden ser cuestionables, trabaje con personas que estén dispuestas a recorrer todo el camino con y para usted.

Tenga mucho cuidado con aquellos con los que comparte sus ideas. Desafortunadamente, tuve la desagradable experiencia de compartir un componente clave de GCMS con algunos socios comerciales potenciales. Mencionaron que mi idea, aunque buena, no vendería. Seguramente, un mes después, lanzaron un negocio basado en mi idea que dijeron que nunca funcionaría.

## Una sugerencia legal:

Cuando tenga una gran idea, escríbala y envíesela por correo. La fecha en la estampa puede ser crucial en las disputas relacionadas con la Propiedad Intelectual, ya que USTED podrá probar que tuvo la idea primero. Solo recuerde mantener el sobre cerrado. Pegue una nota con lo que contiene el sobre si es necesario.

**IT**

Mi área débil personal, así que tuve que consultar con otros. Básicamente tengo todos los datos respaldados en varias computadoras y también en línea. Todo lo que necesita es una sola experiencia de pérdida de datos para aprender la lección necesaria. Use mi experiencia, respalde las cosas con frecuencia.

También sugiero encarecidamente que tenga dos laptop cuando viaje lejos de casa. He tenido situaciones en las que la laptop se negó a iniciar o conectarse con los proyectores, etc., de repente dejó de funcionar. Tener esa laptop adicional resultó ser un salvavidas.

**Sitio Web**

Su sitio web debe tener un CMS (Sistema de Gestión de Contenido). Esto le permite hacer la mayor parte de la actualización del sitio usted mismo, eliminando un área potencial de cuello de botella. El CMS también le proporciona acceso a los datos de tráfico del sitio (quién lo visitó, desde dónde, en que idioma, qué páginas miraron, etc.). Esto le puede ayudar con su estrategia de marketing.

**Redes Sociales**

Un tema un poco complicado. Si planea dirigir un club nocturno, un negocio de DJ, una cafetería, etc., Facebook, Twitter, etc. pueden serle de ayuda. Pero como mencioné, tenga cuidado con estos "gurús" de las redes sociales que dicen que necesita estar en todas partes. El único servicio que he encontrado para proporcionar algún valor es Linkedin. Hay más profesionalismo y evitas muchas de las tonterías de otras redes sociales y el spamming.

Sugiero que los dueños de negocios se centren en las redes sociales en persona reuniéndose en eventos en línea, ya luego puede llevar a la gente a su sitio web. El boca a boca sigue siendo poderoso incluso en el siglo XXI.

Tenga en cuenta los puntos que he tocado al principio; Enfocarse, y darse a conocer. Tiene solo 24 horas al día, por lo que debe concentrarse en un medio para obtener el mejor rendimiento en relación tiempo y esfuerzo.

Wayne Walker

# ¿Qué clase de negocio debe comenzar?

Le sugiero encarecidamente que examine las ideas de negocios que no necesitan mucho espacio físico. El objetivo es evitar tener que alquilar un espacio y todos los gastos que lo acompañan, por ejemplo, facturas de servicios adicionales. No se recomienda ningún tipo de restaurante, tienda de ropa, etc. para los propietarios de negocios con bajo presupuesto.

Evita las ganas de seguir las tendencias tontas del momento. Céntrese en ideas empresariales escalables que ofrezcan beneficios prácticos a personas a un precio razonable.

**Libros Digitales**

Si tiene información práctica para compartir con la gente, este es un buen ángulo. Las personas pagarán por información valiosa que pueden utilizar de forma relativamente rápida.

Cuando su libro esté listo para la venta, con algunos de los jugadores más grandes en el negocio. También vendo mis libros directamente desde mi sitio web. Soy capaz de hacer esto porque tengo mi propio sitio web y quería conservar las ganancias de mi trabajo para mí. Sin embargo, mi libro todavía está disponible para la venta en varios sitios, pero la mayoría de mis ventas se generan desde mis propios sitios web.

### Seminarios Web y Clases en Línea

Ofreciendo seminarios web, clases, etc. pagadas, las personas pagan por el acceso a su conocimiento. He entrenado a personas en todo el mundo y es lucrativo y personalmente satisfactorio. Sentirá una sensación de satisfacción al saber que ha ayudado a alguien a resolver un problema o le ha abierto nuevas puertas.

### Consultante

La gente pagará por su conocimiento si puede demostrar cómo su conocimiento y habilidad los beneficiarán de una manera práctica. Trabajo con personas para brindar educación práctica sobre los mercados de capital y hablar directamente sobre la realidad de comenzar un negocio con poco presupuesto.

# El Siguiente Paso

## Cuando esté listo para comenzar – Contácteme

Sinceramente espero que esta práctica y breve guía le sea útil. Sin embargo, también se que una guía digital tiene sus limitaciones. Para aquellos que deseen más entrenamiento práctico, comuníquese conmigo en: gcmsonline.info. También hay una función tipo escritorio de ayuda donde mis colegas o yo respondemos directamente a los desafíos de su negocio.

# Análisis FODA

Este análisis FODA se puede utilizar como una referencia. Lo utilice en el primer año de mi empresa. Algunos detalles permanecen en secreto, pero mucho de lo que examiné al inicio de GCMS está abierto para revisión.

Ubicación de la Sede

La sede de la empresa se encuentra en Copenhague.

**Análisis FODA**

**Fortalezas**

- **Administración:** Nuestro personal de administración tiene experiencia internacional y está altamente capacitado en su campo específico.

- **Personal capacitado:** nuestro grupo de consultores incluye algunos de los mejores en el negocio.

- **Visión clara de la necesidad del mercado:** GCMS conoce a sus clientes potenciales (comerciantes privados, instituciones financieras medianas y grandes)

## Debilidades

- **Financiamiento:** el panorama preliminar de gastos sugiere que GCMS se mantendrá financieramente estable. Sin embargo, los gastos imprevistos o la poca entrada de capital de las ventas podrían amenazar la posición financiera de GCMS, que será particularmente vulnerable en el primer año.

- **Personal limitado:** aunque el personal de GCMS es excepcional, se enfrentarán a largas horas por poco dinero en el primer año.

## Oportunidades

- **Crecimiento en el mercado:** la tendencia creciente de la industria financiera y de los mercados en desarrollo en general aumentará el número de clientes potenciales de nuestros servicios. Después de ganar estabilidad, GCMS se enfocará en expandir nuestros mercados.

- **Potencial para crecer internacionalmente:** a medida que GCMS se establece y gana estabilidad financiera; Puede comenzar a comercializar su servicio en diferentes países en vía de desarrollo. GCMS ya ha iniciado esta campaña y tenemos presencia física en tres continentes. Diversificaremos nuestros esfuerzos de comunicación adicionalmente a través de Internet.

- **Posibilidad de convertirse en el proveedor más importante:** GCMS no solo cuenta con la administración y el personal, también cuenta con una estrategia escalable desde la cual construir una plataforma sostenible para su crecimiento.

**Amenazas**

- **Competencia local:** no existe otro proveedor que ofrezca el mismo servicio en Copenhague o en nuestras áreas de mercado objetivo que se especializa en lo que hacemos.

- **Competidores locales emergentes:** actualmente, GCMS disfruta de una ventaja en los mercados locales. Sin embargo, los competidores podrían estar en el horizonte y estamos preparados para su llegada. Muchos de nuestros programas se basan en la experiencia y los contactos personales que simplemente la competencia no ofrece.

- **Leyes, regulaciones, políticas:** cualquier nuevo requisito legal al que GCMS tenga que adaptarse.

- **Descenso económico:** una recesión económica imprevista o alguna tragedia como el 11 de septiembre reducirían los ingresos disponibles.

## Vision

GCMS tiene el potencial y los planes para convertirse en el principal proveedor de educación y consultoría de mercados de capital a nivel mundial.

Wayne Walker

# Perfil del Autor

**Wayne Walker** es el Director de una empresa global de consultoría y educación sobre mercados de capital (gcmsonline.info). Cuenta con varios años de experiencia en liderar y entrenar a equipos de Asesores de Inversión y ha manejado equipos de alto rendimiento en el Grupo de Clientes Privados basado en Bench Mark Earnings (BME). El Sr. Walker ha capacitado a comerciantes del programa Citi-FX Pro en Londres. También desarrolló el programa "Derechos comerciales" en Saxo Bank, el cual es requerido completar con éxito para que los Asesores de inversiones puedan comerciar. Es un operador certificado por Markets in Financial Instrument Regulation (MiFID) EU y está calificado para asesorar a los clientes "A".

El Sr. Walker es un comentarista invitado muy frecuentemente a varios programas de radio y televisión internacionales en vivo sobre los mercados de capital.

El Sr. Walker posee varias certificaciones y ha trabajado en las siguientes posiciones:

- Director-Fundador, (GCMS) Global Capital Market Solutions, Dinamarca
- Autor de Reality Based Trading Guide, (utilizado en nuestras

clases en Copenhague Business School y otras universidades en la UE)

- Gerente de Ventas, América del Norte y Medio Oriente, Saxo Bank, Dinamarca
- Bachiller Universitario en Ciencias del State University de Nueva York, College en Buffalo, EE. UU.
- NASD Serie 3 - Licencia para intercambiar y asesorar sobre contratos a futuro en el mercado estadounidense
- Certificado de Negociación ACI (Mercados Financieros) - Aprobado con Distinción (nivel más alto), Francia
- Entrenado en el software de cotización de opciones FX de Bloomberg & UBS Bank

www.ingramcontent.com/pod-product-compliance
Lightning Source LLC
Chambersburg PA
CBHW030734180526
45157CB00008BA/3169

www.ingramcontent.com/pod-product-compliance
Lightning Source LLC
Chambersburg PA
CBHW030734180526
45157CB00008BA/3169